CATARATA

GABRIEL RUFIÁN

Diplomado en Relaciones Laborales y máster en Dirección de Recursos Humanos por la Universidad Pompeu Fabra. Pertenece a la plataforma Súmate creada en 2013. Activista social, defiende el derecho de autodeterminación de Catalunya. Desde 2016 es diputado por Barcelona del Grupo de Esquerra Republicana en el Congreso de los Diputados.

Gabriel Rufián

Ser de izquierdas es ser el último de la fila (y saberlo)

COLECCIÓN RELECTURAS

PRIMERA EDICIÓN EN LA COLECCIÓN MAYOR: ABRIL DE 2019
PRIMERA EDICIÓN EN LA COLECCIÓN RELECTURAS: ENERO DE 2026

FUENCARRAL, 70
28004 MADRID
TEL. 91 532 20 77
WWW.CATARATA.ORG

SER DE IZQUIERDAS ES SER EL ÚLTIMO DE LA FILA (Y SABERLO)

ISBN: 978-84-1067-511-7
DEPÓSITO LEGAL: M-167-2026
IBIC: JPF

Para todos todo, para nosotros nada.
Subcomandante Marcos

Si puedes mantener la cabeza en su sitio cuando todos a tu alrededor
la pierdan y te culpen a ti.
Si puedes seguir creyendo en ti mismo cuando todos dudan de ti,
pero también aceptas que tengan dudas.
Si puedes esperar y no cansarte de la espera;
o si, siendo engañado, no respondes con engaños,
o si, siendo odiado, no incurres en el odio.
Y aun así no te las das de bueno ni de sabio.

Si puedes soñar sin que los sueños te dominen;
Si puedes pensar y no hacer de tus pensamientos tu único objetivo;
Si puedes encontrarte con el triunfo y el fracaso,
y tratar a esos dos impostores de la misma manera.
Si puedes soportar oír la verdad que has dicho,
tergiversada por villanos para engañar a los necios.
O ver cómo se destruye todo aquello por lo que has dado la vida,
y remangarte para reconstruirlo con herramientas desgastadas.

Si puedes apilar todas tus ganancias
y arriesgarlas a una sola jugada;
y perder, y empezar de nuevo desde el principio
y nunca decir ni una palabra sobre tu pérdida.
Si puedes forzar tu corazón, y tus nervios y tendones,
a cumplir con tus objetivos mucho después de que estén agotados,
y así resistir cuando ya no te queda nada
salvo la Voluntad, que les dice: "¡Resistid!".

Si puedes hablar a las masas y conservar tu virtud.
O caminar junto a reyes, sin menospreciar por ello a la gente común.
Si ni amigos ni enemigos pueden herirte.
Si todos pueden contar contigo, pero ninguno demasiado.
Si puedes llenar el implacable minuto,
con sesenta segundos de diligente labor
Tuya es la Tierra y todo lo que hay en ella,
y —lo que es más—: ¡serás un Hombre, hijo mío!

Rudyard Kipling

ÍNDICE

PRÓLOGO

IZQUIERDA Y REPUBLICANA

Vivimos una época acelerada de cambios. Las innovaciones tecnológicas han cambiado nuestra sociedad a una velocidad desconocida. Sólidos conceptos acuñados durante largo tiempo hoy generan dudas. Cuesta definir el proletariado en la lejana acepción marxista. Tal vez hoy sean los trabajadores en precario. O las gentes que viven en el umbral de la pobreza. E incluso el concepto clásico de izquierda o derecha genera dudas. Algunas, razonables. Si los dirigentes de la izquierda se muestran incapaces de transformar positivamente las condiciones de vida de la gente o acaban enrolados en consejos de administración del IBEX 35, con sueldos millonarios, al igual que los dirigentes de derechas, es lógico que las fronteras sean difusas. O que la ciudadanía acabe haciendo suyo el tópico del "todos son iguales". Si por el 155 no dudan en hacer piña, es que comparten tantas cosas que da miedo.

Nos encontramos ante una crisis de valores evidente a la que la izquierda tradicional tiene dificultades para dar respuesta. Y de eso se aprovecha la derecha, una derecha que en España ha mantenido una correa de transmisión con unas ideologías totalitarias que apoyaron incondicionalmente las dictaduras de Primo de Rivera y Francisco Franco —feroces dictaduras nacionalistas—. Se ha visto en Andalucía, Illes Balears y País Valencià, con la irrupción de VOX, una extrema derecha sin complejos que convive con una derecha extrema con tintes del siglo XX español, en el que la democracia llegó tarde y por la puerta de atrás. Si a eso le añadimos que amplios sectores del PSOE se asemejan como dos gotas de agua a lo que dicen y hacen esas derechas, poco debería extrañar el desasosiego y el desconcierto del electorado de izquierdas.

La conciencia de clase de antaño hoy aparece más vaporosa. En este contexto, el republicanismo como concepto clásico emerge como un valor al alza en una escala de valores tan deteriorada. Hoy, el republicanismo cobra fuerza como sinónimo de un despertar de conciencias aletargadas. Toda vez que vivimos en un reino, una forma de Estado tan legítima como cualquier otra, pero que en España viene lastrada por un vicio de origen, perfectamente conocido por sus carencias democráticas gestadas en una transición que solo fue modélica para aquellos que deseaban legitimar la Ley de Sucesión franquista, cuya autoría es notoria y cuya voluntad rotunda fue dar continuidad, en un contexto de modernización, a 40 años de franquismo. Y al olvido de todo aquello que reseña tan concienzudamente Paul Preston en *El holocausto español*.

Siempre he dicho que soy republicano. Para nadie puede ser una sorpresa. El partido que presido se llama Esquerra Republicana de Catalunya y nosotros sí seguimos teniendo apego, tal vez ahora más que nunca, a lo que significa y a la tradición histórica que representamos. Digo que nosotros sí porque resulta muy evidente que el grueso de la izquierda española es monárquica hasta la médula. Eso es respetable, por supuesto. Aunque no por eso nos vamos a resignar, para nada. La república es nuestra meta. Y no lo digo como expresión romántica. Lo escribo con convicción, con voluntad de hacer todo lo democráticamente posible para lograr recuperar una forma de Estado que a mi parecer se ajusta muchísimo mejor a lo que demanda y necesita Catalunya, y que también merece España.

Esquerra Republicana nació para la república y con la república. Catalana, sí. Pero estamos dispuestos a tender todos los lazos, cuantos más mejor, con todas las naciones de la península ibérica en la fraternidad y defensa de los intereses comunes. De hecho, Francesc Macià proclamó el 14 de abril de 1931, tras ganar ERC holgadamente las elecciones, la república catalana "estado integrante de la Federación Ibérica" según el texto que leyó ese día.

Esa Esquerra Republicana me atrae. No por esa declaración en concreto. Me atrae por su capacidad de interpretar la izquierda, de integrar un sinfín de tradiciones políticas y de convivir con contradicciones. Por ejemplo, gran parte de sus bases (y de sus dirigentes) eran profundamente católicos y a su vez estaban afiliados a la CNT, sindicato que fue mayoritario en Catalunya. En esas elecciones, pocos recuerdan que ERC concurrió aliada con la Unió Socialista de Catalunya. Y que sus dos principales dirigentes eran la síntesis de tradiciones dispares. Macià fue un militar de carrera y había sido miembro de la Lliga Catalana Regionalista. El *president* Lluís Companys, capturado por la Gestapo y fusilado por Franco, era un abogado laboralista y provenía del sindicalismo. La fundación de ERC fue el resultado de la confluencia de muchas y diversas sensibilidades, no todas independentistas, ni mucho menos, pero sí todas profundamente republicanas. Desde el humanismo cristiano, que siempre me ha inspirado, a las corrientes libertarias y socialistas tan arraigadas en Catalunya, jamás he sido un ortodoxo ni tampoco un dogmático. Catalunya no lo es. La nuestra es una sociedad muy plural. Y solo aunando esa pluralidad lograremos ser una mayoría suficiente para lograr los cambios en profundidad que perseguimos y que estamos convencidos de que es lo que más se ajusta a las necesidades y el futuro de nuestra sociedad.

Hoy, como ayer, creo que la república simboliza y aglutina a todas las gentes con voluntad transformadora, a la inmensa mayoría de los demócratas y en buena medida a la izquierda, por lo menos en Catalunya. La república es hoy, de nuevo, un ideal que entronca con los mejores valores de la Ilustración: fraternidad, igualdad y libertad. Altero el orden tradicional de esos valores porque creo que hoy más que nunca nuestra aspiración es una sociedad parar vivir y convivir, todos, ante los intentos del peor nacionalismo que encarna la derecha española que pretende resquebrajar la convivencia fracturando la sociedad.

Seguimos y seguiremos, siempre. Por eso suelo decir que soy demócrata y republicano y que "estoy" independentista. Porque este debe ser un estado transitorio mientras que luego seguiré siendo siempre demócrata y republicano, por este orden. Al final, como dice mi buen amigo Domingo Alfonso, hijo de Huelva, "los catalanes nacemos donde nos da la gana y vamos a ser lo que nos dé la gana".

Oriol Junqueras

Presidente de Esquerra Republicana de Catalunya

CAPÍTULO 1

¿QUÉ ES LA IZQUIERDA?

A lo largo de la historia, generaciones enteras han cargado con el suficiente dolor e indignación en sus mentes y corazones para generar un cambio, pero han carecido de las herramientas adecuadas para verbalizarlo eficazmente como base para la creación de mayorías suficientes para impulsar dicho cambio. Certezas sin palabras que morían con el tiempo. El inconformismo puede tener fecha de caducidad en una realidad malherida por la mentira si no se filtra a través del verbo adecuado. Como decían *los nadie* en las marchas de Chiapas, frente a un poder que viaja rápida y confortablemente transportando sus ideas en avión, la izquierda siempre lo ha hecho lenta y arduamente caminando tras un arado. Se llega descansado y antes en avión pero su surco en el cielo es perecedero y no cambia nada, mientras que el arado tarda y cansa pero su surco remueve la tierra para cambiarlo todo. Mientras la derecha transporta diariamente sus ideas en millones de aviones con decenas de asientos, personal de vuelo, pilotos y potentes motores a través de miles de rutas hasta enormes pistas, la izquierda solo cuenta con las manos, las piernas y la fuerza de quien se presta a coger el timón de madera de un arado que solo sirve para sembrar en una o dos estaciones al año sin resultado cierto. He aquí su dificultad y he aquí su derrota histórica. La derecha quiere a la gente excluida y espectadora de una realidad que pasa rápida y lejanamente a través de diminutas ventanas y la izquierda la quiere implicada transformándola a pie, campo a través. He aquí su esperanza y posibilidades de victoria.

La izquierda no debe ser una ciencia de la historia, debe ser una herramienta de interpretación y de cambio de la historia. Interpretar el pasado para entender el presente y cambiar el futuro. Y dicha interpretación debe ser accesible, debe hacerse entender huyendo de la sempiterna petrificación y condescendencia de unos sabios de salón que siempre la han tratado como un santo grial al alcance de unos pocos elegidos. El dolor y rebeldía que puede sentir un albañil, un jornalero o un camarero frente al despotismo de un jefe mezquino, la precariedad de unas condiciones abusivas o la injusticia y arbitrariedad cotidiana, también es izquierda, también es política. No es necesario tener dos carreras y cuatro másteres colgados en un despacho para saber que los más están sometidos a los menos y que algún día esto debe cambiar. Yo mismo he visto a limpiadoras jubiladas frente a un micro levantar a una plaza entera y a grandes estudiosos muy leídos aburrir a una sala llena.

En la primavera de 1847, dos filósofos e intelectuales prusianos exiliados de apenas 30 años se afilian y participan en un congreso clandestino de la Liga de los Comunistas en Londres. Allí reciben el encargo de elaborar un catecismo de preguntas y respuestas que sintetice el dogma del Partido Comunista. El 21 de febrero de 1848 aquellos dos jóvenes publican su obra y provocan una guerra santa ideológica desde los pasillos del Palacio del Zar en San Petersburgo hasta los del Vaticano del papa en Roma contra el fantasma que describen en la primera página. Karl Marx, Friedrich Engels y *El manifiesto comunista* irrumpen para siempre en la historia. La izquierda ya tenía su biblia y a sus dioses en un tiempo en el que un mundo lleno de monstruos nacía y otro no acababa de morir, como definiría casi 80 años después desde una cárcel de Milán uno de sus principales apóstoles, Antonio Gramsci. Una obra que nace en un tiempo de trenes y barcos de carbón repletos de jornaleros que abandonaban sus campos y arados para formar parte de enormes plantillas de centenares de fábricas que hicieron de Londres el epicentro de una industrialización que requería de miles de esclavos cada día y que no eclosionaría hasta 25 años después. Un tiempo en el que activistas de izquierdas duermen y dormirán 20 años más en las cárceles de toda Europa tras las revoluciones de 1848. Un tiempo en el que la máquina está cambiando el mundo como nada lo había cambiado desde la prehistoria y en el que era crucial que la izquierda reflexionara sobre las condiciones de vida que esto estaba comportando. Un tiempo en el que la tecnología comenzaba a someter las relaciones humanas y sociales entre unos campesinos arruinados y una burguesía que les prometía prosperidad a cambio de 16 horas en una fundición de Mánchester. Un tiempo en el que la izquierda comienza a decirles a esos centenares de miles de trabajadores, llenos de hollín y grasa, venidos del campo que es su sufrimiento y sus manos, lo que está cambiando el mundo y no las órdenes del dueño de la máquina que les esclaviza. Un tiempo en el que la izquierda pone nombre a lo que nunca la tuvo e interpela a un proletariado naciente frente a un capitalismo salvaje concienciándolo de que el mundo es una lucha y que la están perdiendo. Un tiempo en el que la nueva sociedad burguesa nacida de las cenizas de la feudal se muestra tan feroz e injusta como la anterior aumentando aún más las contradicciones de clase existentes hasta el momento. Un tiempo tan duro en el que hasta el propio Bismarck y las fuerzas más reaccionarias prusianas se plantearán medidas migaja paliativas ante el temor de que la miseria y la pobreza de esos nuevos esclavos les haga organizarse y les pase por encima. Un tiempo tan duro en el que los pobres trabajan literalmente ciegos de opio. Un tiempo en el que los más comenzaban a intuir que nada de lo que producían para los menos les pertenecería jamás. Un tiempo en el que la precariedad se disfrazaba de modernidad. Un tiempo como este pero sin brújulas como esas.

Hoy, como ayer, la izquierda, en la búsqueda eterna de la justicia social, debe tener una sólida base moral que entienda que un mundo sustentado en el sufrimiento de los nadie y en la lucha del último contra el penúltimo es un mundo intencionadamente mal hecho, fruto de muchas derrotas, en el que nada es casual. El adanismo, la inocencia y la candidez murieron en los adoquines de París y aquí con la traición de Felipe. Si la historia nos dice que, desde los patricios y plebeyos, la realidad es una realidad de libres y esclavos, de opresores y oprimidos, de eternos antagonismos, debemos decir sin pudor que la historia es una historia de lucha eterna y cambiante de clases en la que el control del régimen y hegemonías siempre ha sido negado a los mismos. Sin yunques dogmáticos que ahoguen. El propio Marx dijo una vez "yo no soy marxista" y "es necesario dudar de todo", lo que refleja la necesidad de no fosilizar un diagnóstico de hace 170 años, válido hoy, pero sujeto a constantes cambios presentes y venideros. Desde el materialismo de Demócrito y Epicuro hasta el diagnóstico de Marx basado en un Hegel vuelto del revés, pasando por el filtro ilustrado de Diderot.

La izquierda debe ser y es mucho más que sus partidos o políticos. En ningún caso unas siglas o un líder político deben erigirse en salvadores o redentores de causas o patrias como ha venido pasando en los últimos 100 años. El partido y sus líderes deben ser instrumentos para canalizar anhelos, no diques de contención de los mismos. El intelectual colectivo que Gramsci teorizó y que nunca se ha llevado a cabo como él planteó. Una organización política de izquierdas debe tener grabada a fuego la intención clara de cambiar un mundo mal hecho y de pensar en una sociedad y seres humanos mejores que entiendan que las soluciones jamás son individuales, sino siempre colectivas. El partido y sus líderes deben entender que tan necesario es el profeta que ve y anuncia cosas que todavía no han sucedido como el sacerdote que consigue que la gente acuda a la iglesia. Los unos sin los otros, los visionarios sin los activistas, no son nada.

La izquierda debe luchar por garantizar vidas que valgan la pena ser vividas con la intensidad que el ser humano merece. Vidas en las que el paradigma cambie y sea el trabajo lo que cree riqueza y no el dinero. Vidas en las que sea la inteligencia y el talento intrínseco lo que triunfen y no el abuso y la ley del más fuerte. Vidas en las que impere que todos tengan todo sin quitar nada a nadie, y no un fetichismo inoculado en pantallas y marquesinas producto de tanta frustración y desigualdad. Vidas en las que el valor lo pongan las horas y la mano de obra en un trabajo y no quien pueda comprarlas. Vidas en las que importe más el cómo y el por qué que el dónde y el quién. Vidas en las que sean más importantes las relaciones de las personas con otras personas que las de las personas con mercados intangibles donde las cifras frías ocultan relaciones de dominación. Vidas en las que deje de valer más un producto que las manos que lo fabrican. En definitiva, vidas humanas: vidas en las que, como clama aquel hermoso verso de *La Internacional*, el mundo cambie de base. Una base que no cambió ni con la Comuna de París, ni con la Revolución soviética, ni con una Europa de entreguerras mitad anarquista, mitad marxista; ni con Marx, ni con Engels, ni con Rosa Luxemburgo, ni con Lenin, ni con Gramsci, ni con Malatesta, ni con el Che, ni con Allende... pero que sí se resquebrajó y que tras décadas de caretas hoy vuelve a destaparse en toda su ferocidad.

CAPÍTULO 2

RAZÓN. EL ALMA DE LA IZQUIERDA

La izquierda no siempre ha existido. Aunque siempre ha habido quien ha luchado por los débiles frente a los poderosos, lo que llamamos "izquierda" es el fruto de un momento de la historia muy concreto: la Ilustración, de la que Marx y Engels son herederos confesos. Un tiempo en que algunas de las mentes más brillantes de la historia no solo se atrevieron a pensar, sino a pensar en voz alta. Ese era, en fin, el lema que Kant proponía para la Ilustración: *sapere aude*. ¡Atrévete a saber!

Atreverse a saber significa atreverse a preguntar. Es decir, atreverse a cuestionar las cosas y a ir tan lejos como la razón nos lleve. La razón, la facultad humana que nos permite relacionar ideas, construir argumentos y llegar a conclusiones, fue la divinidad a la que los ilustrados rindieron culto. Al principio, esta devoción por la razón se limitó al mundo natural, a las preguntas sobre qué hacía que los planetas se moviesen o cuál era la naturaleza de la luz. Pero como han temido siempre los déspotas, cuando uno empieza a hacer preguntas sobre el mundo natural, más tarde o más temprano se acaba deslizando hacia el mundo de lo social. Y así, pensadores de ambos lados del Atlántico empezaron a preguntarse cosas peligrosas para los que mandaban. Cosas como, por ejemplo, qué justifica la existencia de los Gobiernos.

El fruto de todos aquellos atrevimientos fueron las revoluciones atlánticas: la americana, la francesa, y también la corsa, tan olvidada hoy en día y tan celebrada en su momento. Revoluciones en las que se proclamó el fin del feudalismo, la igualdad ante la ley, el fin de los privilegios. El problema, claro está, es que la ambición de los tiempos suele ir bastante por detrás de la ambición de los ideales, y esas revoluciones, con toda su gloria, tuvieron no obstante la miseria de olvidar toda una serie de privilegios y desigualdades que quedaron en pie: la esclavitud, el racismo, el imperialismo, la desigual distribución de la propiedad, la opresión de las minorías culturales o la subordinación de la mujer.

He ahí el nacimiento de la izquierda. La izquierda no nació como reacción contra la razón ilustrada, sino como exigencia de que esa razón se llevase hasta sus últimas consecuencias. Si había que atreverse a saber, si había que atreverse a cuestionar, había que atreverse a cuestionarlo todo. Y así, el ala plebeya de las revoluciones atlánticas reclamó que sus conquistas se extendiesen a todos los hombres, con independencia de su riqueza; las primeras feministas exigieron su extensión a las mujeres; las primeras corrientes socialistas señalaron que, tras democratizar la vida política, había que democratizar la vida económica; los movimientos de liberación nacional exigieron a sus dominadores que no les negasen la libertad que ellos mismos proclamaban en sus Constituciones; las gentes llamadas "de color" dijeron "basta" a siglos de esclavitud y discriminación; y así sucesivamente, hasta llegar a movimientos impensables hace tan solo un siglo, como el de defensa de los derechos LGTBI+. Cada paso de la izquierda ha sido un paso de emancipación en sentido igualitario.

Esa es la razón de la izquierda: la razón que nos recuerda que todos los seres humanos están dotados de razón y, con ello, de una igual dignidad que no se les puede negar sin faltar a la razón misma. Pero como sabemos todos, la razón nos convence, pero rara vez nos mueve a actuar. Así que si lo que puso a la izquierda en pie fue un uso radical de la razón ilustrada, lo que la movió a actuar debió ser otra cosa. En realidad, fue lo mismo que nos mueve a actuar hoy en día: el dolor.

CAPÍTULO 3

DOLOR, CONCIENCIA Y TRANSFORMACIÓN

El gozo y el dolor son los dos sentimientos básicos con los que se construyen todos los demás sentimientos. La esperanza es esperanza de gozar o de dejar de sufrir; el miedo, por contra, es miedo a alejarse del gozo o a sufrir dolor. Y son la esperanza y el miedo los que nos marcan lo que debemos buscar y lo que debemos combatir. La izquierda es, en primer lugar, una reacción ante el dolor: ante el dolor propio, claro, pero también ante el dolor ajeno. La izquierda es razón, sí, pero también emoción: la emoción de indignarnos ante un dolor, propio o ajeno, que consideramos injusto. Y eso nace, antes que nada, de una intuición moral. La indignación siempre es, en primera instancia, un impulso. La razón, luego, nos sirve para preguntarnos si esa intuición es correcta, es decir: si nace de nuestra naturaleza profunda o, por contra, es un simple prejuicio social o cultural. Y también nos sirve, claro, para preguntarnos por los medios más eficientes para hacer frente a esa injusticia. Pero al principio de todo, lo que hay es eso: dolor, e indignación por su origen injusto.

Insisto en lo del origen injusto porque, a pesar de todo, uno puede soportar un dolor indescriptible sin ni siquiera pensar que está siendo víctima de una injusticia. Al fin y al cabo, uno no se indigna por ser mortal o porque haga mal tiempo. Son hechos de la naturaleza contra los que uno puede prepararse, pero que no puede evitar. El dominio de los poderosos siempre ha consistido en que consigamos creer que el dolor que nos infligen es natural. Bien lo saben las mujeres, acostumbradas a que la sociedad les diga de mil maneras que su lugar está debajo o detrás del de los hombres porque, en fin, la naturaleza es así.

De modo que lo que empieza con el sentimiento del dolor, y con el deseo de sacárselo de encima, tiene que continuar necesariamente con un ejercicio de razón: ¿por qué sufro? ¿Por qué parece ser que mi sufrimiento coincide en el tiempo con el beneficio de otros? ¿Qué puedo hacer para minimizar mi dolor sin maximizar el de aquellos que se benefician de mi situación, sino simplemente haciéndolos mis iguales? Esas son las preguntas que la izquierda se hace, y las que debe seguir haciéndose. Y lo que es más importante: son las preguntas que debe conseguir que se haga la gente que quizá no se identifica directamente con la izquierda, pero que sufre a diario y que cree que "es lo que le toca".

La tarea de la izquierda es, pues, una tarea cultural antes incluso que política. Para ganar los votos, primero de todo, la izquierda debe ayudar a activar las mentes y los corazones de aquellos que creen que no pueden aspirar a nada mejor que lo que ya tienen. Y he aquí un gran problema, el enorme problema con el que nos topamos todos los que militamos para conseguir cambios profundos: los mecanismos que forman la percepción del mundo de esas mismas personas están en manos, por norma general, de los que no quieren que cambie nada.

Por tanto, el dolor es el vehículo de transformación más eficaz y descarnado que existe. Sin dolor, por mucho que se sepa, no se cambia. Si no te duele, no lo cambias por mucho que lo sepas. La clave es poder filtrar dicho dolor en mensajes que sinteticen adecuadamente la realidad que lo produce. Verbalizarlo. La indignación, la desesperación y la rabia (dolor) son catalizadores de cambio. No existiría voluntad de progreso y transformación sin un estado previo de insatisfacción que incentive y estimule el cambio. No obstante, el dolor puede metabolizar de muchas formas. La aversión al riesgo y a lo desconocido es el combustible del conservadurismo que tan bien sabe explotar la derecha y por eso desde la izquierda es imprescindible ofrecer perspectivas de futuro y esperanzas de cambio. La derecha aprovecha y explota los miedos y las incertezas de la sociedad alentando la idea del futuro como amenaza, "cualquier tiempo pasado fue mejor". El miedo a lo diferente, a lo desconocido sirve para enfrentar a pobres contra pobres e imponer a la sociedad la necesidad de un orden reaccionario que acabe con los excesos del neoliberalismo salvaje.

Por el contrario, la izquierda debe afrontar el futuro en clave de oportunidad. Debe filtrar el dolor de la sociedad ofreciendo alternativas posibles a un presente desalentador. Decía Vicent Andrés Estellés: "Perquè hi haurà un dia que no podrem més i llavors ho podrem tot" (Porque llegará un día que no podamos más y entonces lo podremos todo). Esta frase creo que sintetiza muy bien la idea del dolor como mecanismo de transformación. Nuestra falta de perspectivas de futuro no debe implicar una renuncia al futuro deseable en pro de un futuro probable, sino que debe estimularnos para encarar retos que comportan riesgos con una voluntad emancipadora. La izquierda debe ofrecer ilusión de cambio, desterrar los miedos y construir espacios compartidos para tejer complicidades entre sociedades cada vez más diversas.

Otro de los mecanismos que la derecha utiliza para hegemonizar culturalmente en lo social y político es la división de la sociedad en capas, estratos y sectores cada vez más aislados los unos de los otros. Esta destrucción de los espacios compartidos en los que los intereses entre individuos son comunes es un medio para fomentar una mayor individualización de las sociedades que permita destruir la conciencia de comunidad, debilitar al Estado y favorecer la percepción del individuo frente al mundo.

La izquierda debe construir comunidad, enlazar intereses y fomentar una conciencia colectiva. La asociación y cooperación entre individuos es mucho más provechosa que la competencia y debe ser fomentada.

La izquierda debe ser la respuesta esperanzadora desde el dolor frente a la respuesta de la derecha desde el miedo.

CAPÍTULO 4

MEDIOS DE COMUNICACIÓN, REDES SOCIALES Y POSVERDAD

El impacto que han tenido los nuevos medios digitales y las redes sociales en la forma con la que recibimos y procesamos información ha cambiado la manera en la que construimos nuestra opinión.

La información está cada vez más atomizada y las fuentes son cada día más numerosas. Ese bombardeo de noticias al que estamos expuestos dificulta cada vez más la selección y validación. La línea entre información y opinión o entre verdad e invención se va difuminando.

Si bien cada vez disponemos de más canales para recibir información, la concentración empresarial de los medios mal llamados "tradicionales" sigue aumentando y los grandes grupos mediáticos siguen imponiendo una agenda informativa que responde a intereses corporativos que poco o nada tienen que ver con los intereses que afectan a la mayoría de la población.

Esta disputa por el control de la agenda mediática hace que desde las izquierdas no podamos renunciar a ningún espacio mediático; eso afecta tanto a los canales convencionales como a los nuevos espacios comunicativos que nos ofrecen las redes sociales.

La capacidad que un individuo tiene para influir en la agenda es limitada, pero un grupo suficientemente coordinado puede condicionarla y desde una perspectiva emancipadora tenemos la responsabilidad de hacerlo.

Desde las redes sociales se puede y se debe intentar fijar aquellos marcos que responden a los intereses y necesidades de la mayoría social. No dejar espacio a quienes quieren vender un relato parcial o interesado con objetivos contrapuestos a los intereses de la mayoría. Aquello de "la política la haces o te la hacen" pero en el terreno de la comunicación.

Enric Juliana y Pablo Iglesias estuvieron durante meses sosteniendo en decenas de *bolos* promocionales de su libro conjunto que la aplicación del 155, la disolución del Parlament, la destitución del Govern y el encarcelamiento y exilio forzoso de políticos electos por un referéndum no fue por el voto y apoyo conjunto de PP, de PSOE y de C's en el Senado, sino por un tuit. Por el tuit de un diputado de ERC en la mañana del 26 de octubre. Por un tuit mío. Iglesias incluso lo repitió en sede parlamentaria en el debate monográfico sobre Catalunya de diciembre de 2018. Es solo un ejemplo de cómo se puede intentar imponer un marco determinado para generar un estado de opinión concreto que responda a tus intereses. De hecho, lo más interesante de dicha insinuación no es el tuit en sí, sino plantear la posibilidad de que un presidente de un Gobierno pueda tomar una decisión trascendental para su país de acuerdo con opiniones vertidas en las redes. Quiero pensar, sinceramente, que no hemos llegado a ese punto. Y hablamos de un periodista de prestigio y de un político referente de la izquierda española. ¿Por qué quienes clamaban en el 15M contra el PSOE de Rubalcaba ahora se sumaban a las teorías de la caverna para blanquear el indigno apoyo del PSOE a PP y C's en el Senado para aplicar el 155?

¿Cómo es posible que quienes cobran el salario mínimo interprofesional elijan a partidos que votan en contra de subirlo y a la par crean que sus enemigos son partidos que votan a favor?

¿Cómo es posible que en una población eminentemente agrícola y beneficiaria de ayudas europeas se vote en masa a un partido como VOX, que está en contra de la permanencia en Europa?

¿Cómo es posible que haya quien piense que un idioma como el castellano, hablado por quinientos millones de personas en todo el planeta, está amenazado y perseguido en un país que tuvo un presidente cordobés llamado José Montilla y a una jefa de la oposición jerezana (y a mucha honra) llamada Inés Arrimadas? ¿Por qué es cada vez más difícil decir la verdad?

La primera vez que le preguntaron en los noventa a Berlusconi por una de las primeras sentencias condenatorias por corrupción que tuvo su respuesta fue lapidaria y adelantó el tiempo que venía: la verdad no cambia nada. ¿Por qué cuesta tanto decir que un preso político es el demócrata Raül Romeva, que recibe a demócratas de todo el mundo en Lledoners, y un político preso es el ladrón Rodrigo Rato en Soto del Real?

¿Por qué cuesta tanto decir que los antipatriotas no son quienes pusieron urnas frente a un pueblo en Catalunya y sí los 13 jueces que votaron a favor de la banca en el Supremo?

¿Por qué cuesta tanto decir que es una salvajada tener a cinco abusadores sexuales condenados en la calle y a nueve demócratas en la cárcel?

¿Por qué cuesta tanto decir que un golpista no es quien fue a votar el 1 de octubre sino el torturador fascista Billy el Niño tomándose un vino impunemente en una comisaría de la Policía Nacional en Madrid?

La respuesta es tan obvia como manida: los medios de comunicación. Los medios de comunicación ya no buscan interpelar al espectador, solo buscan agradar a la clase política dirigente o aspirante a dirigir. Los medios ya no están preocupados por lo que opinan quienes los ven, leen o escuchan sino solo por lo que opinan los que gobiernan a quienes los ven, leen o escuchan. Y es ese afán por agradar y no fiscalizar a quien gobierna lo que supone y supondrá en muchos casos su descrédito presente y futuro pero también su actual poder. La pregunta es cuánta de la juventud politizada de hoy seguirá yendo al quiosco a comprar diarios en papel de aquí a diez años. De momento, cuando no pueden deslegitimar una causa, deslegitiman a sus líderes y a la inversa. Pero hay otra pregunta que es, asimismo, importante: si esas son las reglas del juego, ¿qué debe hacer la izquierda? Lo digo porque, en principio, es cierto que los medios de comunicación trabajan, en última instancia, para sus propietarios. Lo cual, en el caso de España (y de Catalunya...), significa por norma general que, si no trabajan para un Gobierno, trabajan en última instancia para la banca. Eso es cierto, digo. Pero y a partir de aquí, ¿qué? Porque de señalar esa verdad obvia a decir "mi reino no es de este mundo, la gente es idiota, si fuesen listos me escucharían" hay solo un paso. Los catalanes estamos acostumbrados a escuchar eso de boca de los nacionalistas que afirman no serlo. Así pues, de nuevo la pregunta: ¿qué debe hacer la izquierda ante la realidad de lo que son, y de cómo trabajan, el grueso de los medios de comunicación?

Una primera opción sería, simplemente, adecuarse a sus reglas, es decir, tratar de evitar todo lo que le hace a uno fácilmente criminalizable para ir a hablar de "lo que interesa a la gente": el sueldo, la vivienda, las facturas. ¿La monarquía? Bueno, no me entusiasma pero no me voy a pelear por eso. ¿Catalunya? Me dieron pena los porrazos del 1-O, pero los aporreados eran todos unos burgueses insolidarios (dos millones y pico de burgueses, nada menos). ¿América Latina? A mí no me miren, yo solo he ido de vacaciones. Y así, esquivando bala tras bala hasta llegar a hablar de lo que se supone que preocupa a la gente. El problema es que esa estrategia ya sabemos a dónde lleva: al PSOE. Trague usted con la monarquía, la rojigualda, el relato de que la Guerra Civil no fue una guerra antifascista sino "una guerra entre hermanos", la oligarquía económica franquista, la geopolítica imperialista y la lectura neoliberal del proyecto europeo, a cambio de lo dejaremos presentarse a elecciones y, cuando las gane, hacer alguna que otra reforma más o menos importante para cubrir expediente. Y pobre de usted si intenta salirse de allí.

Porque ¿qué ha pasado cuando el PSOE ha intentado salirse del guion más de la cuenta? Pues que los medios lo han criminalizado. Al PSOE se le ha acusado de "traicionar a los muertos de ETA", de "romper España", de "guerracivilista", de "liberticida", de "perseguir a la Iglesia católica" y de *nosecuantas* cosas más. Y lo peor: no pocos dentro del PSOE han comprado ese discurso, bien contra Sánchez, o bien contra Zapatero.

Así que, de cara a intentar cambiar seriamente las cosas, intentar caer bien a los dueños de los medios de comunicación no parece que lleve a ninguna parte. Pero decíamos que tampoco sirve de gran cosa mirar las cosas desde una atalaya de pureza. Entonces, ¿qué se puede hacer? Pues seguramente intentar mantener un equilibrio entre ambas cosas. Y eso quiere decir, fundamentalmente, ensuciarse mucho las manos. Hay que ir a platós donde a uno no le van a dejar hablar, donde no van a parar de soltarle mentiras y tonterías, donde se van a inventar datos y nadie va a tener el valor de levantar la mano para hacer las preguntas elementales. En ese marco de ruido y furia, uno debe atreverse a abrirse paso y decir "no". Y decirlo (y esto es lo complicado) combinando tres virtudes: rigor intelectual, proximidad emocional con la audiencia y un lenguaje comprensible. Normalmente, ser muy bueno en uno de estos tres puntos equivale a flojear en los otros dos, así que hay que entrenarse a fondo. Oriol Junqueras es, en este sentido, un buen ejemplo. El mejor que tenemos a este lado de los Pirineos. Lo malo es que Oriol Junqueras solo hay uno, y habla tan condenadamente bien que lo han metido en la cárcel para que no hable más.

Así que eso: hay que entrenarse. Es obligación de la izquierda estar hablando donde la gente normal y corriente está mirando, no donde los militantes de izquierdas están dándose la razón mutuamente. Es obligación de la izquierda, en fin, ser un poco menos estirada, menos elitista y menos pedante. Y es obligación de la izquierda no solo hacer todo esto, sino hacerlo bien: decir la verdad, decirla de forma que se entienda y decirla de forma que toque la fibra que mueve a la gente a actuar.

CAPÍTULO 5

SER VALIENTE PARA RECONOCERSE

Se podrá cuestionar el camino pero nunca las causas, las formas pero no el fondo. Se trata de ganar pero también de hacer ver al otro que en nuestro mundo tiene cabida y que, en el suyo, nosotros también.

La izquierda no debe creer que todos los empresarios son ladrones y avaros o que hay que volver a un modelo de comunismo primitivo ya fallido que escondía una desigualdad enorme entre una elite política y un pueblo obediente. La izquierda debe luchar por que cada sector social tenga posibilidades y medios para levantarse como sector social, sin limosnas, pero sin barreras. Estableciendo nuevos tipos de relaciones que acaben con las dinámicas de un mercado de capitalismo salvaje en el que nos comamos los unos a los otros.

Y es que el adversario de la clase dirigente no debe ser la gente sino los poderes económicos y financieros que los usan a conveniencia para defender sus intereses y los enfrentan a sus semejantes.

El potencial de transformación es tan grande y las oportunidades para mejorar nuestra sociedad son tantas que renunciar a liderar esos procesos de cambio es un acto de traición a los ideales emancipatorios de la izquierda.

La izquierda debe ser valiente si quiere reconocerse, porque cuando la izquierda no hace de izquierda la derecha le pasa por encima.

En tiempos en los que el poder solo nos da a elegir la salsa con la que nos pueda devorar, debemos ser capaces de interpelar a todos independientemente de su apellido, su lengua o su origen y decirles que si comparten los valores de la libertad, de la democracia, de la justicia social y del antifascismo son de los nuestros, tengan la bandera que tengan en el balcón o en el corazón.

EPÍLOGO

SER DE IZQUIERDAS, HOY Y AQUÍ, ES VOLVER A EMPEZAR

Como ciudadano de nacionalidad catalana del Estado español, republicano, miembro de un partido político de izquierdas, antifascista e independentista, doy fe de que, como tantos otros centenares de miles de personas, millones, constato que, aun cuando solo han transcurrido 19 años desde el inicio del presente siglo, intuyo que nuestra centuria se nos presenta llena de incertidumbres y de temores crecientes. Da igual que nuevas revoluciones tecnológicas auguren cambios vertiginosos respecto a los sistemas productivos que deberían permitir superar los enormes desequilibrios en la distribución de la riqueza a escala mundial heredados del siglo XX.

Lo cierto es que todo apunta a la repetición de las plagas de los genocidios a mansalva, a las mismas desigualdades entre continentes respecto a las expectativas de vida y calidad de la misma, así como escenarios de normalización de zonas de conflicto bélico causantes de desplazamientos de población y de crisis humanitarias.

Y todo parece indicar que tenderán a agudizarse en el marco de un sistema capitalista globalizado que secuestra Gobiernos democráticos para mantener sus esencias: depredar la naturaleza, especular con la fuerza de trabajo, supeditar la aplicación de los avances científicos a acumular de beneficios, etc. Un dato nos invita a la reflexión: en el año 2000 éramos 6.000 millones de personas en el mundo y en solo 18 años hemos crecido del orden de 1.500 millones. Somos 7.500 millones y las desigualdades continúan creciendo. Luego, atendiendo a la fase en que se encuentra el sistema económico capitalista, pueden preverse consecuencias nefastas, desde la llegada de nuevas crisis medioambientales de no retorno hasta nuevos conflictos bélicos pasando por crisis humanitarias de gran magnitud. Y todo ello en detrimento de la democracia. Ciertamente, incluso en la Europa rica y culta, los sistemas democráticos están sufriendo. A pesar de que se trate de democracias construidas con los materiales nobles provenientes de la derrota del nazismo y del fascismo, o sea, democracias de calidad, sus paredes maestras están agrietándose. Solo cabe sacar a colación hasta qué punto el totalitarismo, el racismo, la homofobia o el militarismo permanecen vigentes. Y la serpiente, que se creía quizá ingenuamente enterrada siete metros bajo el suelo desde Núremberg, resulta que tan solo dormía. Efectivamente, en sociedades europeas avanzadas, nuevos populismos que entroncan con las ideologías supremacistas de los años treinta del siglo pasado están ya conformando mayorías parlamentarias o las condicionan. Sin duda, pues, un nuevo fantasma recorre Europa. De otro cariz, distinto de aquel otro que en el siglo XIX preocupó a los poderes oligárquicos y a todos los Estados, democráticos y autoritarios.

La democracia sufre y también los logros del Estado social y de bienestar forjado en los sistemas europeos de economía de libre producción y mercado desde 1945 en complicidad, competencia y/o enfrentamiento con los movimientos sociales y sindicatos obreros. Esto permitió una cierta socialización de la riqueza a través de la consolidación de derechos subjetivos, algunos de ellos forjados incluso con anterioridad a la Primera Guerra Mundial: sistema público de salud, sistema público educativo, sistema público de pensiones de reparto. Todo ello complementado no con la conquista del derecho al trabajo ni con el derecho a la vivienda, pero sí con una izquierda que supo condicionar desde la oposición gubernamental, o desde el poder, políticas para garantizar marcos laborales beneficiosos y buenos estándares de vida para la clase trabajadora, y hacer realidad una nueva sociedad en la que el ascensor social dinamitaba los estratos sociales estancos a manera de castas. La construcción de sociedades más igualitarias fue tarea de las izquierdas europeas y producto, en parte, de las reservas y de los miedos provocados en el capital por la existencia de la Unión Soviética. No fue este el caso del Estado español. Aquí, la democracia no se construyó con materiales de primera calidad. Al contrario. La transición fue la constatación de que solo era posible utilizar materiales de derribo, de escasa calidad. Los materiales provenientes de un pacto entre el franquismo y una oposición democrática que, a pesar de tantas heroicidades, llegaba a la muerte del dictador constituida solo como vanguardia amplia, nunca como movimiento de masas y popular. Condenados, pues, todos —y la izquierda por supuesto que también— a aceptar una Constitución que nos endosaba la monarquía patrocinada por uno de los dictadores más sanguinarios del siglo sin dar opción a la ciudadanía a decidir si se restablecía la legalidad republicana abortada por las armas en 1936, se negaba el derecho a la autodeterminación de las distintas naciones del Estado. Además, se humillaba a las víctimas de la dictadura con la ley de punto final de amnistía de 1977, por la que los verdugos condenaban a las víctimas, y se imponían los llamados Pactos de la Moncloa a fin y efecto de garantizar que los poderes económicos no correrían ningún riesgo ante una hipotética transformación, más o menos radical, del orden económico y productivo. Y a todo ello se sumó la izquierda, la izquierda mayoritaria, con el convencimiento de que era prioritario alcanzar el tren europeo y sus estándares de vida para las clases populares.

La construcción del Estado del bienestar, ciertamente, llegó tarde y con menor intensidad a caballo de las repetidas crisis energéticas desde la década de los setenta del siglo pasado. Y poco más, que no digo que sea poco, se puede atribuir la izquierda. De ahí que provoque mucha preocupación la poca calidad de la democracia española, lo cual debería ser objeto de reflexión. ¿Cómo y de qué manera podrán encararse los retos del siglo XXI si no se es capaz de dotar a la sociedad de sistemas democráticos de gran calidad, excelentes, es decir, prácticas de democracia directa y participativa, sistemas en los que no quepa la corrupción y, por encima de todo, democracias no supeditadas a los poderes financieros. La socialdemocracia española se contentó con acompañar la Restauración borbónica de 1978 hasta la Unión Europea cuando no tomó las riendas de los ajustes duros de las reconversiones industriales que se exigían desde Bruselas. Y, posteriormente, carcomida por la corrupción, dejó la vía expedita para que los posfranquistas liderados por Aznar desguazaran mediante las privatizaciones las joyas de la corona (Repsol, Tabacalera, Telefónica...) para hacer nacer una oligarquía que a la corta se demostró que tenía tan pocas luces como para que no consiguiesen liderar empresas competitivas y hacerse un hueco en el marco de la globalización. Al contrario, se abonaron a la economía del tocho y a la especulación inmobiliaria a caballo de la liberalización del suelo patrocinada por el PP. Y la izquierda, puesta de perfil, avasallada por la ola consumista y la ficción del relato del nuevo rico.

Poderes económicos convertidos en casta, en definitiva, casta de corruptores y de corruptos, que cuando llegó el caos económico y financiero patrocinaron una devaluación interna salarial y un tijeretazo gubernamental al ya de por sí precario Estado del bienestar español. Con una sola intención: mantenerse como oligarquía, cada vez más parasitaria, en el poder. Reforma constitucional exprés bendecida por Zapatero para hacer preeminente el pago de la deuda y así contentar las exigencias exteriores, salvaguardar el sistema bancario a costa de hipotecar generaciones presentes y venideras, y puesta en jaque de las libertades y derechos civiles para evitar riesgos de revuelta social a cargo de Rajoy. En definitiva, que el grado máximo de riesgo a asumir no sobrepasase los efectos de la catarsis del 15M como fenómeno interclasista producto del descubrimiento por parte de buena parte de la juventud de su procedencia obrera, ignorada cuando no repudiada, y que el sistema no llevaba incorporado en su ADN la garantía de un futuro mejor. Y aquellos provenientes de las clases medias les alertaban sobre la existencia del precariado.

Luego, volvamos a las ideas primigenias para poner en valor la necesidad de salvaguardar, de entrada, lo conquistado a precio tan alto por parte de la izquierda. Para empezar, conviene dejar claras algunas ideas básicas que, por su simplicidad, adquieren gran relevancia si realmente se consagran como fundamentales y deben inspirar la actuación política. En primer lugar que "nadie es más que nadie" y que los grandes retos que ahora se deben dirimir tienen que ver en la práctica con la vulneración de derechos básicos y la imperiosa necesidad de socializar la riqueza a través de la conquista de nuevos derechos sociales subjetivos, como el de la vivienda o el salario social en el camino hacia la renta básica universal, a fin y efecto de garantizar vidas dignas. Todo ello en el marco del internacionalismo militante, léase, si se prefiere, fraternidad entre pueblos, que planta cara al militarismo y a la colonización económica de las transnacionales. En definitiva, una vuelta a los orígenes de la causa primigenia de todos los combates que solo alcanzan su sentido en la medida que responden a la causa de la felicidad del género humano en armonía con la naturaleza y con todos los seres vivos.

Si en los próximos años la izquierda no recupera las grandes ideas básicas y no es capaz de recomponer el hilo rojo de la historia compartida de las conquistas sociales, que unió a tantas y tantas generaciones, nos condenaremos a vivir en la selva de las sociedades descohesionadas. Genera vértigo pensar que las nuevas generaciones no alcancen a poner en valor el inmenso sacrificio que se tuvo que pagar para lograr una mínima socialización de la riqueza. Si ello ocurriera, en los Estados de progresiva *lowcostización* democrática, se acabará por externalizar completamente la gestión del conflicto social a confesiones religiosas, a poderes mediáticos o a aparatos represivos autónomos del mismo Estado.

La izquierda debe asumir que no será posible construir sociedades libres y ajenas al miedo al futuro, causante de adhesiones a líderes populistas de ideario mesiánico, sin una democracia que empodere a la ciudadanía. Y, por supuesto, deberá ser capaz de metabolizar un déficit evidente: el enorme *décalage* existente entre el grado de socialización de la cultura y la tecnología y el poco protagonismo público que el poder otorga a los ciudadanos, convertidos en estrictos consumidores de democracia formal y en pocos casos protagonistas (ni referéndums, ni participación de los trabajadores en la gestión de las empresas, ni cogestión vecinal de presupuestos municipales, ni mecanismos de control popular para impedir la tutela administrativa de la sociedad civil, ni capacidad para defenderse de la alienación y la construcción de imaginarios falsos creados por los grupos comunicativos...). Ciudadanos a quienes el poder desea pasivos, ajenos a cualquier protagonismo colectivo, secuestrados a la vez por los valores del consumismo, el hedonismo, el pragmatismo, el inmediatismo... tan propios de las sociedades posmodernas capitalistas.

Horroriza pensar que el miedo puede instalarse en el tuétano de las nuevas generaciones y que los valores de la solidaridad, de la estima al prójimo y de la causa común de la libertad y la lucha contra la injusticia queden relegadas al repertorio de canciones de gesta de tiempos pasados.

Hoy, la izquierda debe ser realista y plantear prioritariamente la batalla de la calidad de la democracia. Se acabaron los tiempos en los que cada sociedad podía aspirar a un cierto "aislacionismo". En definitiva, en nuestra realidad y en nuestro contexto, o la izquierda se compromete en la construcción urgente de sociedades democráticas de calidad o habrá que adaptarse a subsistir en la selva social.

JOAN TARDÀ I COMA
Diputado y portavoz de Esquerra Republicana de Catalunya en el Congreso de los Diputados

COLECCIÓN RELECTURAS

1. *Esto no son las Torres Gemelas*
   María Acaso
2. *¿Para qué servimos los filósofos?*
   Carlos Fernández Liria
3. *En defensa del decrecimiento*
   Carlos Taibo
4. *La ciudad mentirosa*
   Manuel Delgado
5. *Estado Islámico*
   Javier Martín
6. *Historia del feminismo*
   Juan Sisinio Pérez Garzón
7. *Comprender Portugal*
   Carlos Taibo
8. *Colapso*
   Carlos Taibo

9. *El reparto de África: de la Conferencia de Berlín a los conflictos actuales*
   Roberto Ceamanos
10. *La Comuna de París*
   Roberto Ceamanos
11. *La prostitución en el corazón del capitalismo*
   Rosa Cobo Bedia
12. *Las misiones pedagógicas*
   Alejandro Tiana
13. *Contra los tertulianos*
   Carlos Taibo
14. *Suníes y chiíes*
   Javier Martín
15. *Breve historia de las Brigadas Internacionales*
   Jaume Claret Miranda
16. *Rusia frente a Ucrania*
   Carlos Taibo
17. El *decrecimiento explicado con sencillez*
   Carlos Taibo
18. *Siria*
   Ignacio Álvarez-Ossorio
19. *El socialismo puede llegar sólo en bicicleta*
   Jorge Riechmann
20. *Marruecos, el extraño vecino*
   Javier Otazu
21. *Historia del pueblo gitano en España*
   David Martín

22. *La desintegración de Yugoslavia*
Carlos Taibo

23. *¿Para qué servimos los jueces?*
José Antonio Martín Pallín

24. *Una historia contemporánea de Palestina-Israel*
Jorge Ramos Tolosa

25. *Anarquistas de ultramar*
Carlos Taibo

26. *Ecofascismo*
Carlos Taibo

27. *Israel*
Alberto Masegosa

28. *Inteligencia artificial y Administración pública*
Carles Ramió

29. *Breve historia de la dictadura de Franco*
María Encarna Nicolás

30. *Walter Benjamin*
Carlos Taibo

31. *La última selva de España*
Gustau Nerín